PENSAMIENTOS DE LA MAÑANA
PENSAMIENTOS DE LA NOCHE

Thoughts

JAMES ALLEN

Pensamientos de la Mañana
Pensamientos de la Noche

EDICIONES OBELISCO

Si este libro le ha interesado y desea que le mantengamos informado
de nuestras publicaciones, escríbanos indicándonos qué temas son
de su interés (Astrología, Autoayuda, Ciencias Ocultas, Artes Marciales,
Naturismo, Espiritualidad, Tradición...) y gustosamente le complaceremos.

Puede consultar nuestro catálogo en www.edicionesobelisco.com

Colección Nueva Consciencia
PENSAMIENTOS DE LA MAÑANA,
PENSAMIENTOS DE LA NOCHE
James Allen

1ª edición: enero de 2005

Título original:
Morning and Evening Thoughts

Diseño de cubierta: *Michael Newman*

© 2005 Ediciones Obelisco, S.L,
(Reservados los derechos para la presente edición)

Edita: Ediciones Obelisco S.L.
Pere IV, 78 (Edif. Pedro IV) 3ª planta 5ª puerta
08005 Barcelona-España
Tel. 93 309 85 25 - Fax 93 309 85 23
E-mail: obelisco@edicionesobelisco.com

ISBN: 84-9777-171-0
Depósito Legal: B-2.762-2005

Printed in Spain

Impreso en España en los talleres gráficos de Romanyà/Valls S.A.
Verdaguer, 1 – 08076 Capellades (Barcelona)

Prefacio

Al recorrer los libros que ha escrito James Allen para
escoger entre ellos éste, *Pensamientos de la mañana,
pensamientos de la noche*, he descubierto una y otra vez
la fuerza de la verdad que contienen todas sus páginas,
y conociendo, como conozco, al escritor como nadie lo
conoce, y viéndolo, como lo he visto, durante muchos
años en toda clase de circunstancias –en momentos de
trabajo y de ocio, en días alegres y de sufrimiento, en
días de sol y en días nublados–, sé que estos escritos
no son palabras de un cerebro ocioso y que no se han
recogido de otros escritos ni al azar, sino que son
experiencias profundas de su propio corazón, y que
primero se vivieron y luego se escribieron. Por eso
lanzo este librito, sabiendo que no puede fracasar en
su misión, consciente de que está vivo porque se ha
vivido. Y confío en que los que lo utilicen para su
meditación diaria podrán sentir su fuerza y comprobar
sus beneficios, porque es la experiencia actual de una
vida personal.

conquer

Conquístate a ti mismo,
luego lánzate a saber;
sube a lo alto,
déjate ir abajo.
La liberación
dará entrada
a quien se esfuerza con pecados y pesares,
tear (drops)
lágrimas y sufrimientos,
hasta conseguirlo.

Pensamientos de la mañana

Pensamientos de la noche

$\mathcal{P}$rimera $\mathcal{M}$añana

Al encontrarnos en una vida
desventurada uno de los principios más
sencillos que considerar, y hacerlo
correctamente, es lo que todos hacemos
todos los días, es decir, el principio de la vida
de cada día. Esto significa que cada día se
ha de considerar como el principio de una
nueva vida, en la que se puede pensar, actuar
y vivir de nuevo y con un ánimo más juicioso
y mejor. Al correcto principio del día le
seguirá la alegría que inunda el hogar con
una luminosa influencia, y las tareas
y obligaciones del día se acometerán con
ánimo enérgico y confiado, y el conjunto
del día se vivirá bien.

Primera Noche

No puede haber progreso ni logro
sin sacrificio, y el logro del hombre
en el mundo se producirá en la medida en
que sacrifique sus confusos pensamientos
animales y aplique su pensamiento
al desarrollo de sus planes, mediante
el fortalecimiento de su decisión y de su
confianza en sí mismo. Y cuanto más eleve
sus pensamientos, cuanto más humano,
honesto y recto sea, mayor será su éxito,
más benditos y duraderos serán sus logros.

Segunda Mañana

Nada sino acciones rectas pueden
seguir a pensamientos rectos; nada sino
una vida recta puede seguir a acciones rectas;
y al vivir una vida recta se logran todas
las bendiciones.

El Entendimiento es la fuerza capital
*   que moldea y actúa.*
Y el Hombre es Entendimiento, y siempre toma
la Herramienta del Pensamiento,
*   y, configurando lo que desea,*
consigue en adelante un millar de alegrías,
*   un millar de males.*
—Piensa en secreto, y eso es lo que ocurre:
El medio es sin embargo el cristal con que mira.

Segunda Noche

La tranquilidad del ánimo es una
de las joyas más hermosas del saber.
Un hombre se calma en la medida en que
se entiende a sí mismo como un ser abocado
al pensamiento... y cuando desarrolla una
comprensión correcta, y ve cada vez con
mayor claridad las relaciones internas de
las cosas mediante la acción de la causa
y el efecto, deja de irritarse y enfurecerse,
de lamentarse y afligirse, y permanece
ecuánime, firme y sereno.

Tercera Mañana

Seguir en todas las circunstancias las más altas reservas interiores; ser siempre veraz con el propio ser divino; confiar en la Voz interior, en la Luz interior, y actuar según tus propósitos sin miedo y con sosiego en el corazón, creyendo que el futuro se rendirá a las necesidades de todos tus pensamientos y esfuerzos, sabiendo que las leyes del universo nunca pueden fallar y que tu propia voluntad vuelve a ti con exactitud matemática: eso es fe y la vida de la fe.

Tercera Noche

Ten una comprensión completa de tu tarea, y haz que sea la tuya propia; y cuando actúes así, siguiendo siempre la Guía interior, la Voz infalible, irás de victoria en victoria, y subirás escalón tras escalón hasta las maltas moradas, y tu perspectiva cada vez más amplia te revelará gradualmente la belleza y el propósito de la vida. Una vez purificado, la salud será tuya; autocontrolado, la fuerza será tuya, y todo lo que hagas prosperará.

Y Yo puedo permanecer donde la salud,
el logro y la fuerza
Esperan mi llegada, si, cada hora fugaz,
Me abrazo al amor y a la paciencia;
y me mantengo
Sin mancha; y nunca ningún escalón
estará aparte
De una gran integridad; así veré
Por fin la tierra de la inmortalidad.

Pensamientos de la mañana

Cuarta Mañana

Cuando la lengua está controlada
y prudentemente dominada; cuando los
impulsos egoístas y los pensamientos indignos
ya no se precipitan a la lengua pidiendo
manifestarse; cuando la palabra se ha hecho
inofensiva, pura, graciosa, amable y resuelta,
y ni una sola palabra expresa sino sinceridad
y verdad, entonces se han cumplido los cinco
pasos de la palabra virtuosa, entonces se ha
aprendido
y dominado la gran lección de la Verdad.

*Purifica tu corazón, y harás que tu vida
sea rica, dulce y hermosa.*

Cuarta Noche

Una vez se ha revestido a sí mismo de humildad, las primeras preguntas que se hace un hombre son: «¿Cómo puedo actuar con respecto a los demás? ¿Qué puedo hacer para los demás? ¿Qué pienso de los demás? ¿Están mis pensamientos y acciones hacia los demás dictados por un amor egoísta?». Cuando un hombre se haga estas agudas preguntas en el silencio de su alma, verá infaliblemente dónde se ha equivocado hasta ahora.

Quinta Mañana

Morar en el amor y con todo es vivir la verdadera vida, es poseer la vida misma. Sabiéndolo, el hombre bueno se entrega al Espíritu de Amor, y mora en el Amor junto con todo, sin contender con nadie, ni condenar a nadie, sino amándolo todo.

El Espíritu Crístico de Amor pone fin no sólo a todo pecado, sino a toda división y lucha.

Quinta Noche

Cuando se abandonan el pecado
y el egoísmo, el corazón recupera su alegría
imperecedera.

Llega el amor y llena el corazón vacío;
permanece con la paz; su reino está
con la pureza.

La alegría huye del egoísmo, abandona
al pendenciero, se esconde del impuro.

La alegría no puede estar con el egoísmo;
mora en el Amor.

Sexta Mañana

En el corazón puro no hay espacio
donde las apreciaciones personales y los odios
puedan encontrar acomodo, ya que está lleno
a rebosar de ternura y amor; no ve el mal,
y sólo en la medida en que no vea el mal
en los otros se verá libre del pecado,
de la pena y del sufrimiento.

Si los hombres sólo comprendiesen
Que el corazón que peca sufre,
Que los pensamientos de odio mañana
Recogen una cosecha estéril,
Lloroso, hambriento, y sin descanso ni sueño,
La Ternura llenaría su ser,
Vería con una piadosa mirada
Si ellos sólo comprendiesen.

Sexta Noche

Mantenerse frente a frente ante
la verdad; llegar, después de innumerables
errabundeos y penas, al conocimiento
y la bienaventuranza; no estar finalmente
derrotado sino definitivamente triunfante
sobre todos los enemigos internos: tal es el
destino divino del hombre, tal es su objetivo
glorioso; y así lo han declarado todos los
santos y sabios.

Un hombre sólo empieza a ser un hombre
cuando deja de quejarse y de vilipendiar,
cuando empieza a buscar la justicia oculta
que regula su vida. Y cuando adapta su
pensamiento a este elemento regulador, deja
de acusar a los demás como causa de su
situación, y se hace a sí mismo con enérgicos
y nobles pensamientos; deja de quejarse de
las circunstancias, y empieza a *utilizarlas* como
ayuda para un progreso más rápido, y como
medios para descubrir las energías ocultas
y las posibilidades que tiene en sí mismo.

Séptima Mañana

La fuerza del mal y la fuerza del bien
están ambas en ti, ¿qué fuerza utilizarás?

Sabes lo que es recto y lo que no;
¿qué amarás y fomentarás?
Tú eres quien elige y piensa y actúa;
Tú eres el hacedor de tu estado interior;
Tienes el poder de ser lo que serás;
Tú construyes la Verdad y el Amor,
o la mentira y el odio.

Séptima Noche

La enseñanza de Jesús lleva a los hombres a la sencilla verdad de que la rectitud, o el *obrar rectamente*, es algo que pertenece a la conducta individual, no algo místico aparte de los pensamientos y las acciones del hombre.

La calma y la paciencia pueden hacerse habituales atesorando con esfuerzo pensamientos tranquilos y pacientes, y pensándolos continuamente y viviéndolos, hasta que «su uso se convierta en una segunda naturaleza», y la rabia y la impaciencia desaparezcan para siempre.

Octava Mañana

El hombre se hace o no a sí mismo;
en el arsenal del pensamiento forja las armas
con que destruirse a sí mismo; también
fabrica las herramientas con las que levantar
para sí mansiones celestiales de alegría,
energía y paz. Mediante la elección correcta
y la acertada aplicación del pensamiento
el hombre asciende a la Divina Perfección;
con el abuso y la aplicación equivocada del
pensamiento desciende por debajo del nivel
de las bestias. Entre estos dos extremos están
todas las gradaciones del carácter, y el hombre
es su hacedor y su dueño.

Como ser de Energía, Inteligencia y Amor,
y señor de sus propios pensamientos,
el hombre tiene la llave de toda situación.

Octava Noche

Lo que abrigas en las estancias más íntimas de tu corazón, tarde o temprano, por la ley inevitable de la reacción, te dará forma en la vida exterior.

Toda alma se atrae a sí misma, y nada que no le pertenezca puede llegar a ella. Comprobarlo es reconocer la universalidad de la Ley Divina.

Si quieres actuar rectamente en el mundo
Y desterrar todos sus males y aflicciones,
Haz que florezcan esos lugares
Y los tristes desiertos como la rosa
—Y sé recto tú mismo.

Novena Mañana

Dondequiera que las condiciones estén haciendo tu vida onerosa, puedes pasar por encima de ello e ir más allá desarrollando y utilizando en tu interior la energía transformadora de la purificación y el dominio de ti mismo.

Antes la divina irradiación de un corazón puro hace que se desvanezcan todas las sombras y que desaparezcan todas las nubes, y el que se ha conquistado a sí mismo ha conquistado el universo.

El que coloca con firmeza el pie en el camino del autodominio, el que camina ayudado por la fe por la carretera del autosacrificio, conseguirá con seguridad la mayor prosperidad y recogerá alegrías y bienaventuranzas abundantes y duraderas.

Novena Noche

Las fuerzas silenciosas y conquistadoras del pensamiento son las que llevan todas las cosas a su manifestación. El universo surge del pensamiento.

Ajustar todos tus pensamientos a una fe perfecta e inquebrantable en la omnipotencia y la supremacía del Bien es cooperar con este Bien, y comprobar en tu interior la disolución y la destrucción de todo mal.

Negar mentalmente el mal no es suficiente; con una práctica diaria, hay que hacerlo aparecer y comprenderlo. Afirmar mentalmente el Bien es inadecuado; con un esfuerzo inquebrantable, hay que introducirlo en el propio interior y comprenderlo.

Décima Mañana

Todo pensamiento que piensas es una fuerza que te encamina.

Cualquiera que sea tu situación en la vida, antes de que puedas tener cualquier tipo de éxito, valor y energía, has de aprender cómo plantear tu energía mental para cultivar la paz y el reposo.

No existe dificultad, por grande que sea, que no se rinda a una concentración tranquila y resuelta del pensamiento, ni objetivo legítimo que no pueda alcanzar con rapidez una utilización inteligente y la determinación de las propias fuerzas anímicas.

Ten pensamientos buenos y se transformarán con rapidez en tu vida exterior en forma de bienestar.

Décima Noche

Lo que deseas ser y esperas ser, puedes serlo ahora. La falta de logro se encuentra en tu perpetuo posponer, y controlando tu capacidad de ir posponiendo, desarrollarás la capacidad de lograr: comprueba esta verdad, y serás, hoy y todos los días, el ser ideal que has soñado.

Dite a ti mismo: «Viviré en mi Ideal ahora; manifestaré mi Ideal ahora; seré mi Ideal ahora; y no escucharé nada de lo que intente apartarme de mi Ideal; sólo escucharé la voz de mi Ideal».

Mañana Undécima

Sé como una flor, conténtate con ser, con crecer en dulzura día a día.

Si quieres perfeccionarte a ti mismo en el conocimiento, perfecciónate a ti mismo en el Amor. Si quieres conseguir lo Más Alto, cultiva incesantemente un corazón amoroso y compasivo.

Al que elige la Bondad, sacrificándolo todo, se le entrega lo que es más que todo y lo incluye.

Noche Undécima

La Gran Ley nunca defrauda a ningún hombre en cuanto al justo merecimiento.

La vida humana, vivida rectamente, es sencilla con una hermosa sencillez.

Quien comprende la total sencillez de la vida, quien obedece sus leyes, y no da pasos marginales hacia los caminos oscuros ni los complicados laberintos del deseo egoísta, permanece donde ningún mal puede alcanzarle.

Ahí se encuentran la completud de la alegría, la plenitud más plena, y una rica y completa bienaventuranza.

Mañana Duodécima

Todo hombre recoge los resultados de sus propios pensamientos y acciones, y sufre sus propios errores.

El que empieza con rectitud, y sigue con rectitud, no tiene que desear ni buscar resultados felices; los tiene ya en las manos; se dan como consecuencia; son las certezas, las realidades de la vida.

La dulzura es el descanso y la profundidad, la bienaventuranza de quien ha liberado su corazón de la codicia y su odio y sus oscuros deseos.

Noche Duodécima

Tú eres el creador de tus propias sombras; deseas, y con eso sufres; renuncias, y con eso te regocijas.

De todas las hermosas verdades que pertenecen al alma... ninguna es más grata ni provechosa que ésta: que el hombre es el señor del pensamiento, el que moldea el carácter, el que hace y configura el carácter, el medio y el destino.

Mañana Decimotercera

Así como la oscuridad es una sombra que pasa, y la luz es una sustancia que permanece, asimismo la pena es efímera, pero la alegría permanece siempre. No hay cosa verdadera que pueda desaparecer ni perderse; no hay cosa falsa que pueda permanecer y preservarse. La pena es falsa y no puede vivir; la alegría es verdadera y no puede morir. La alegría puede estar oculta un tiempo, pero siempre es posible recuperarla; la pena puede mantenerse un periodo de tiempo, pero es posible trascenderla y disiparla.

No creas que tu pena permanecerá; pasará como una nube. No creas que los tormentos del pecado se quedarán contigo; se desvanecerán como una horrible pesadilla. ¡Despierta! ¡Arriba! Sé sagrado y feliz.

Noche Decimotercera

La tribulación se mantiene sólo el tiempo que se mantiene un resto de egoísmo que hay que apartar. El *tribulum*, o máquina trilladora, deja de trabajar cuando todo el grano está separado de la paja, y cuando las últimas impurezas son aventadas del alma, la tribulación ya ha realizado su tarea y ya no es necesaria; entonces se cumple la alegría duradera.

La única y suprema utilidad del sufrimiento es purificar, quemar todo lo que es inútil e impuro. El sufrimiento acaba para quien es puro. No tiene objeto quemar el oro cuando ya se ha apartado la escoria.

Mañana Decimocuarta

Al hablar del autocontrol puede uno confundirse con facilidad. No se debe relacionar con una represión destructiva, sino con una expresión constructiva.

Un hombre es feliz, sabio y grande en la medida en que se controla a sí mismo; es desdichado, necio y mediocre en la medida en que consiente que su naturaleza animal domine sus pensamientos y acciones.

Quien se controla a sí mismo, controla su vida, sus circunstancias y su destino; y dondequiera que vaya lleva consigo su felicidad como una posesión permanente.

La renuncia precede a la regeneración.

La felicidad permanente que los hombres buscan en la disipación, en la excitación y abandonándose a placeres indignos, se encuentra sólo en la vida que deja atrás todo eso: la vida de autocontrol.

Noche Decimocuarta

La ley, no la confusión, es el principio que domina el universo; la justicia, no la injusticia, es el alma y la sustancia de la vida; y la rectitud, no la corrupción, es la fuerza que moldea y mueve el gobierno espiritual del mundo. Siendo esto así, el hombre ha de ser recto para descubrir que el universo es recto.

Cuando sea puro
Habré resulto el misterio de la vida,
Estaré seguro;
Cuando estoy libre del odio, de la codicia
  y de la lucha
Estoy en la Verdad, y la Verdad mora en mí;
Estaré a salvo, seré sensato y plenamente libre
Cuando sea puro.

Mañana Decimoquinta

Si los hombres sólo comprendiesen
Que su odio y su resentimiento
Matan su paz y su dulce contentamiento,
Que les hieren a ellos mismos y no ayudan
    a los demás,
Que no pueden alegrar a un hermano solitario,
Buscarían la mejor de las buenas acciones
Para no arrepentirse
—Si sólo comprendiesen.

Si los hombres sólo comprendiesen
Que el Amor conquista; que prevalecer
Es su fuerza contra la acometida del odio;
Que la compasión acaba con la pena,
Hechos sabios, y sin pedir prestada
La pena de la pasión, siempre vivirían
En el Amor, nunca en el odio
—Sólo si comprendiesen.

Noche Decimoquinta

La gracia y la belleza que había
en Jesús pueden no tener valor para ti
—no puedes comprenderlas- mientras no estén
en ti, y nunca estarán en ti mientras no las
practiques, ya que, sin la acción, las cualidades
que constituyen la Bondad no existen
más que en la medida en que te involucres.
Adorar a Jesús por sus cualidades es un gran
paso hacia la verdad, pero practicar esas
cualidades es la Verdad misma; y el que adora
plenamente la perfección de otro no se
satisfará con su propia imperfección, sino que
formará su alma en su parecido con esa otra.

Por lo tanto, tú, que adoras a Jesús por
sus cualidades divinas, practica tú mismo
esas cualidades, y también serás divino.

Mañana Decimosexta

Deja que un hombre compruebe que la vida en su totalidad procede de la mente, y entonces el camino de la bienaventuranza se abrirá ante él. Ya que así descubrirá que tiene la capacidad de dominar su mente y darle forma de acuerdo con su Ideal. Cuando elija caminar enérgica y resueltamente por estos caminos de pensamiento y acción que son todos excelentes, la vida se hará para él hermosa y sagrada; y, tarde o temprano, desechará todo mal, toda confusión y todo sufrimiento, ya que para un hombre es imposible desprenderse de la liberación, de la iluminación y de la paz cuando guarda con inquebrantable diligencia la puerta de su corazón.

Noche Decimosexta

Al vencer constantemente al egoísmo, el hombre logra un conocimiento de las sutiles intrincaciones de su mente; y este divino conocimiento es lo que le permite asentarse en la calma. Sin la autoconsciencia no puede haber paz mental, y aquellos que se ven arrastrados por pasiones tempestuosas no pueden acercarse al sagrado lugar en que reina la paz. El hombre débil es como aquel que, habiendo montado un caballo salvaje, le consiente que corra desbocado y lo lleve por donde quiera; el hombre fuerte es como aquel que, habiendo montado el caballo, lo cabalga con mano maestra y lo hace ir en la dirección y a la velocidad que él decide.

Mañana Decimoséptima

No existe lucha ni egoísmo en el Reino; hay una perfecta armonía, equidad y reposo.

Quienes viven en el Reino del Amor tienen todas sus necesidades satisfechas por la Ley del Amor.

Así como el egoísmo es la causa y raíz de toda lucha y sufrimiento, así el Amor es la causa y raíz de toda paz y bendición.

Aquellos que descansan en el Reino, no ven la felicidad en ninguna otra posesión. Están liberados de toda ansiedad y problema y, descansando en el Amor, son la encarnación de la felicidad.

Noche Decimoséptima

No hay que suponer que los niños del Reino viven en la facilidad y la indolencia (estos dos pecados son los primeros que hay que erradicar cuando se ha iniciado la búsqueda del Reino). Viven en una pacífica actividad; de hecho, sólo ellos viven verdaderamente, porque la vida egoísta, con su secuela de preocupaciones, heridas y miedos, no es una vida auténtica.

A los niños del Reino se les conoce *por su vida*, manifiestan los frutos del Espíritu –«Amor, alegría, paz, resistencia al dolor, bondad, amabilidad, lealtad, mansedumbre, templanza, autocontrol»– en cualquier circunstancia y vicisitud.

Mañana Decimoctava

El Evangelio de Jesús es un Evangelio de *vivir y hacer*. Si no fuese así no proclamaría la Verdad Eterna. Su templo es la *conducta purificada*, su puerta de entrada es la *rendición del yo egoísta*. Invita a los hombres a evitar el pecado y promete, como consecuencia, la alegría, la bienaventuranza y la paz perfecta.

El Reino de los Cielos es la confianza perfecta, el perfecto conocimiento, la perfecta paz... Ningún pecado puede entrar en él, ningún pensamiento ni acción egoísta puede cruzar sus puertas de oro, ningún deseo impuro puede manchar sus túnicas radiantes... Pueden entrar todos los que lo deseen, pero todos han de pagar el precio: *el abandono incondicional del egoísmo*.

Noche Decimoctava

Yo digo –y sé que es cierto– que *las circunstancias sólo pueden afectarte en la medida en que les dejes hacerlo*. Te ves sacudido por las circunstancias porque no tienes una comprensión recta de la naturaleza, el uso y la fuerza del pensamiento. Crees (y de esta palabra, *creencia*, dependen todas nuestras alegrías y penas) que las cosas exteriores tienen el poder de hacer o descomponer tu vida; al creerlo así te sometes a las cosas exteriores, confiesas que eres su esclavo y que ellas son tus dueñas incondicionales. Pero al hacerlo les atribuyes un poder que en sí mismas no tienen, y sucumbes, en realidad no a las circunstancias, sino a la oscuridad o a la alegría, al miedo o a la esperanza, a la fuerza o a la debilidad con que tu esfera mental las ha rodeado.

Mañana Decimonovena

Si eres uno de esos que ruegan por un mundo mejor y lo anticipan más allá de la sepultura, he aquí un mensaje de alegría para ti: puedes entrar y conseguir ese mundo feliz ahora; llena todo el universo, y está en tu interior, esperando que lo encuentres, que lo conozcas y lo hagas tuyo. Dijo alguien que conocía las leyes internas del Ser: «Cuando los hombres digan aquí o allí, no les sigas. El Reino de Dios está dentro de ti».

Noche Decimonovena

Cielo e infierno son estados internos. Húndete en el yo y en todas sus gratificaciones, y te hundirás en el infierno; elévate por encima del yo hasta ese estado de conciencia que es la completa negación y el olvido del yo, y entrarás en el cielo.

Tanto como insistas en la búsqueda egoísta de tu propia felicidad personal, tanto te eludirá la felicidad y estarás sembrando las semillas de la desdicha. En la medida en que consigas perder tu yo al servicio de los demás, en la misma medida llegará a ti la felicidad, y recogerás una cosecha de bendiciones.

Mañana Vigésima

La solidaridad que se entrega nunca se puede desechar.

Un aspecto de la solidaridad es la piedad para los afligidos o castigados por el dolor, con un deseo de aliviarlos o ayudarlos en sus sufrimientos. El mundo necesita más de esa cualidad divina.

Ya que la piedad hace que el mundo sea suave para el débil, y noble para el fuerte.

Otra forma de solidaridad es la que se regocija con los que han tenido más éxito que nosotros, como si sus logros fuesen los nuestros.

Noche Vigésima

Son dulces la camaradería, los placeres y las comodidades materiales, pero cambian y se desvanecen. Más dulces aún son la Pureza, la Sabiduría y el conocimiento de la Verdad, y éstos no cambian nunca ni se desvanecen.

Quien ha conseguido la posesión de las cosas espirituales nunca puede verse privado de esta fuente de felicidad: nunca tendrá que compartirla, y dondequiera que vaya en todo el universo, llevará consigo sus posesiones. Su fin espiritual será la plenitud de la alegría.

Mañana Vigésima primera

Deja que tu corazón crezca y se expanda con un amor siempre desbordante, hasta que, liberado de toda animosidad, y pasión, y condenación, abrace el universo entero con solícita ternura. Así como la flor abre sus pétalos para recibir la luz de la mañana, abre asimismo tu alma más y más a la luz gloriosa de la Verdad. Remóntate a lo alto en alas de la aspiración; sé valiente y cree en las más sublimes posibilidades.

Noche Vigésima primera

La mente se viste a sí misma con prendas de su propia creación.

La mente es el árbitro de la vida; es la creadora y la moldeadora de las condiciones y el recipiente de sus propios resultados. Contiene en sí misma tanto la fuerza para crear la ilusión como para percibir la realidad.

La mente es la infalible tejedora del destino; aunque es la hebra, las acciones buenas y malas son la urdimbre y la trama, y la tela, tejida en el telar de la vida, es el carácter.

Purifica tu corazón y construirás tu vida rica, dulce y hermosa, ilesa en la contienda.

Mañana Vigésima segunda

Mima tus visiones, mima tus ideales, mima la música que se agita en tu corazón, la belleza que se forma en tu mente, el encanto que ciñe tus más puros pensamientos, porque a partir de ellos crecerán las condiciones más deliciosas, todo un entorno paradisíaco; a partir de ellos, si les eres fiel, construirás por fin tu mundo.

Guarda bien tu mente y, noble, fuerte y libre,
Nada te dañará, te perturbará o conquistará;
Porque todos tus enemigos están en tu corazón
*   y en tu mente,*
Ahí también encontrarás la salvación.

Noche Vigésima segunda

Sueña sueños sublimes, y como sueñes
que eres, así serás. Tu visión es la promesa de
lo que serás al final.

La mayor hazaña fue, al principio y por
largo tiempo, un sueño. La encina duerme
en la bellota, el pájaro espera en el huevo,
y en la más alta visión del alma se agita un
ángel que vela.

Tus circunstancias pueden ser desagradables,
pero no seguirán así mucho tiempo si
vislumbras un Ideal y luchas por conseguirlo.

Mañana Vigésimo tercera

El que ha superado la duda y el miedo ha vencido el fracaso. Todo su pensamiento se ha aliado con la energía y todas las dificultades se acometen con valor y se superan con prudencia. Los objetivos se han planteado oportunamente, y florecen y dan buenos frutos que no caen prematuramente al suelo.

El pensamiento aliado valerosamente con los propósitos se convierte en fuerza creadora: el que lo sabe está dispuesto a ser algo más alto y más fuerte que un mero amasijo de pensamientos vacilantes y sensaciones fluctuantes; el que tal hace se convierte en el poseedor consciente e inteligente de sus energías mentales.

Noche Vigésimo tercera

El verdadero lugar del hombre en el Cosmos es el de un rey, no el de un esclavo, el de un comandante bajo la Ley de Dios y no el de una herramienta inútil en la región del mal.

Escribo para hombres, no para chiquillos; para aquellos que están ansiosos de saber y deseosos de realizarse; para aquellos que abandonan (por el bien del mundo) una indulgencia personal baladí, un deseo egoísta, un pensamiento mediocre, y viven como si así fuese, sin caprichos ni remordimientos.

El hombre es un señor. Si no lo fuese, no podría actuar contra la ley.
El mal y la debilidad son autodestructores.
Al universo lo ciñe la bondad y la fuerza, y eso protege lo bueno y lo fuerte.
El hombre airado es el hombre débil.

Mañana Vigésima cuarta

No porque aprenda triunfará el hombre sobre el mal; por mucho que estudie no superará el pecado ni la tristeza. Sólo conquistándose a sí mismo superará el mal; sólo practicando la rectitud pondrá fin a la tristeza.

Ni para el sabio, ni para el culto, ni para el que confía en sí mismo es la Vida Triunfante, sino para el puro, para el virtuoso y el prudente. El primero consigue su éxito particular en la vida, pero el último, solo, consigue un gran éxito tan invencible y completo que incluso en la aparente derrota resplandece con una victoria añadida.

Noche Vigésima cuarta

El verdadero silencio no es sólo una lengua silenciosa; es una *mente silenciosa*. Contener simplemente la propia lengua pero mantener una mente alborotada y aflictiva, no es remedio para la debilidad ni fuente de poder. Para que el silencio tenga fuerza debe envolver por completo el pensamiento, debe inundar cada una de las estancias del corazón; ha de ser el silencio de la paz. A este amplio, profundo, permanente silencio puede llegar el hombre sólo en la medida en que se supere a sí mismo.

Mañana Vigésima quinta

Conteniendo su lengua, un hombre incrementa la posesión de su mente.

El loco balbucea, charla, discute y arracima palabras. Se envanece por el hecho de decir la última palabra y haber hecho callar a su oponente. Exulta en su propia locura, está siempre a la defensiva y desperdicia su energía por caminos sin provecho. Es como un jardinero que se empeña en cavar y sembrar un suelo improductivo.

El hombre prudente desecha las palabras frívolas, el parloteo, los argumentos vanos y la autodefensa. Le contenta parecer vencido; se regocija cuando está vencido, sabiendo que, al encontrar y eliminar otro error en sí mismo, se ha vuelto más prudente.

Bendito sea el que no se esfuerza por decir la última palabra.

Noche Vigésima quinta

El deseo es el *ansia de posesión*;
la aspiración es el *hambre de paz del corazón*.
El ansia de las cosas lleva siempre más y más
lejos de la paz, y no sólo acaba en la
privación, sino que es en sí misma un estado
de perpetua búsqueda. Mientras no se acaba,
el descanso y la satisfacción son imposibles.
El hambre de cosas no se puede satisfacer
nunca, pero el hambre de paz sí se puede
satisfacer, y así se encuentra la satisfacción
de la paz; se posee plenamente cuando se
abandona todo deseo egoísta. Entonces hay
plena felicidad, abundancia, y una rica
y completa bienaventuranza.

Mañana Vigésima sexta

Un hombre alcanzará el Reino purificándose a sí mismo, y sólo puede hacer tal cosa siguiendo un proceso de autoexamen y autoanálisis. El egoísmo se ha de descubrir y comprender antes de que se pueda dejar a un lado. Si no tiene energía para hacerlo por sí mismo, tampoco desaparecerá por sí mismo. La oscuridad sólo acaba cuando la luz se introduce; asimismo la ignorancia sólo puede dispersarla el conocimiento, y el egoísmo, el amor. Un hombre debe ante todo desear perderse a sí mismo (su ambición egoísta) antes de poder encontrarse a sí mismo (su Yo Divino). Ha de comprobar que el egoísmo no es merecedor de atención, que es un señor totalmente indigno de su servidumbre, y que sólo la bondad divina es digna de que la entronice en su corazón, como señora suprema de su vida.

Noche Vigésima sexta

Estate tranquila, alma mía, y sabe
que la paz es tuya.
Mantente firme, corazón, y sabe que la energía
divina
Te pertenece; cesa en tu confusión, mente,
Y encontrarás el Descanso Perdurable.

Si un hombre quiere tener paz, deja que ejercite el espíritu de la paz; si desea encontrar el Amor, deja que more en el espíritu del Amor; si desea evitar el sufrimiento, deja que cese de infligírselo; si desea cosas nobles para la humanidad, deja que pare de hacerse cosas innobles a sí mismo. Si quiere explotar la mina de su propia alma, encontrará todos los materiales para construir todo lo que quiera, y encontrará también la Piedra Miliar sobre la cual construir con seguridad.

Mañana Vigésima séptima

Los hombres buscan mucho la compañía y anhelan nuevas emociones, pero no conocen la paz; buscan la felicidad por diversos caminos placenteros, pero no llegan a descansar; vagan en pos de la alegría y la vida entre risas y delirios febriles, pero sus lágrimas son muchas y penosas, y no evitan la muerte.

Flotando sobre el océano de la vida en busca de gratificaciones egoístas, los hombres se esconden en sus tormentas, y sólo después de muchas tempestades y privaciones pueden volar a la Roca del Refugio que descansa en el profundo silencio de su propio ser.

Noche Vigésima séptima

La meditación centrada en las realidades divinas es la verdadera esencia y el alma de la plegaria. Es el silencio que llega a lo alto, del alma a lo Eterno.

La mediación es la intensa demora del pensamiento en una idea o un tema con objeto de comprenderlo a fondo; y aquello sobre lo que medias constantemente, y no sólo llegas a comprenderlo, sino que crece más y más en su parecido, se incorporará a tu auténtico ser, y se convertirá de hecho en tu auténtico ser. Por tanto, si te demoras constantemente en lo que es egoísta y degradante, finalmente te volverás egoísta y vil; si piensas constantemente sobre lo que es puro y desprendido, es seguro que te volverás puro y desprendido.

Mañana Vigésima octava

No hay dificultad, por grande que sea, que no ceda ante una tranquila y enérgica concentración del pensamiento, ni objetivo legítimo que no se pueda realizar mediante el uso y la utilización inteligente de las energías de la propia alma.

Cualesquiera sean tus tareas, concentra toda tu mente en ellas; dedícales toda la energía de que seas capaz. La impecable realización de las tareas pequeñas lleva inevitablemente a tareas más amplias. Considera que te elevas en una firme ascensión, y nunca caerás.

Noche Vigésima octava

Quien sabe que el Amor está en el corazón de todas las cosas y ha comprobado la suficiencia total de este Amor, no tiene espacio en el corazón para la condenación.

Si amas a las personas y hablas de ellas de forma elogiosa hasta que te incomodan de algún modo, o hacen algo que desapruebas, y entonces dejan de gustarte y hablas de ellas con desprecio, no te gobierna el Amor de Dios. Si en tu corazón estás constantemente acusando y condenando a los demás, un amor egoísta se esconde en ti.

Prepara tu mente para que tenga pensamientos enérgicos, imparciales y amables; prepara tu corazón para la pureza y la compasión; entrena tu lengua para el silencio y para decir cosas verdaderas y sin mancha; así entrarás en el camino de la santidad y de la paz, y finalmente comprenderás el Amor inmortal.

Mañana Vigésima novena

Si consigues la verdadera prosperidad, no te instales, como muchos lo han hecho, en la creencia de que si obras rectamente todo lo demás será inicuo. No consientas que la palabra *competencia* debilite tu fe en la supremacía de la rectitud. No me preocupa lo que los hombres puedan decir acerca de las «leyes de la competencia», ya que yo conozco la Ley Inmutable que los impulsaría a todos ellos al camino, y que los impulsa al camino incluso ahora en el corazón y en la vida del hombre recto. Y, conociendo esta ley, puedo considerar toda deshonestidad con impasible reposo, ya que sé dónde le espera una destrucción segura.

En cualquier circunstancia *haz lo que creas que es recto*, y confía en la Ley; confía en el Poder Divino, que es inmanente al universo y que nunca te abandonará, y siempre estarás protegido.

Noche Vigésimo novena

Olvídate de ti mismo por completo en las penas de los demás, y en atención a los demás, y la felicidad divina te liberará de toda pena y sufrimiento. «Subiendo el primer escalón con un buen pensamiento, el segundo con una buena palabra, y el tercero con una buena acción, entré en el Paraíso.» Y tú también entrarás en el Paraíso siguiendo el mismo proceso.

Piérdete tú mismo por el bienestar de los demás; olvídate de ti mismo en todo lo que haces: éste es el secreto de una gran felicidad. Mantente siempre vigilante para preservarte contra el egoísmo y aprende con fe las divinas lecciones del sacrificio interior; así subirás a las más altas cumbres de la felicidad y permanecerás en el amanecer siempre despejado de la alegría universal, ataviado con las vestiduras resplandecientes de la inmortalidad.

Mañana Trigésima

Cuando el agricultor ha labrado
y abonado sus tierras y plantado las semillas,
sabe que ya ha hecho todo lo que puede
hacer, y que ahora debe confiar en los
elementos y esperar pacientemente el paso
del tiempo para que se dé la cosecha, y que
ninguna expectativa por su parte afectará
al resultado. De la misma manera, el que ha
logrado la Verdad, actúa como un sembrador
de las semillas de la bondad, de la pureza,
del amor y de la paz, sin manifestar
expectación ni buscar nunca los resultados,
sabiendo que existe la Gran Ley que todo
lo ordena que produce su propia cosecha en
el momento debido, y que es como la fuente
de conservación y destrucción.

Noche Trigésima

La personas virtuosas se ponen freno
a sí mismas, y controlan sus pasiones
y emociones. De esta manera logran el
control de la mente y obtienen calma de
forma gradual; y así adquieren ascendiente,
energía, grandeza, alegría y plenitud vital.

Sólo consigue la paz quien se conquista
a sí mismo, quien se afana día a día en pos de
una mayor posesión de sí mismo, de un
mayor autocontrol, de una mayor tranquilidad
mental.

Donde la mente está en calma hay energía
y descanso, hay amor y sabiduría; hay alguien
que ha librado con éxito innumerables
batallas contra el yo, alguien que, después
de prolongados y secretos esfuerzos contra
sus propios fallos, finalmente ha triunfado.

Mañana Trigésima primera

La solidaridad que se otorga amplía su depósito en nuestros propios corazones y enriquece y hace que fructifique nuestra propia vida. La solidaridad entregada es una bendición fortalecida. En la misma medida en que un hombre incrementa y amplía su solidaridad se acerca al ideal de la vida, a la perfecta bienaventuranza; y cuando su corazón ha madurado tanto que no puede entrar en él un pensamiento penoso, amargo o cruel, restado de su permanente dulzura, entonces, en efecto, es copiosa y divinamente bendecido.

Noche Trigésima primera

La dulzura es el reposo y la profunda
bienaventuranza de aquel que ha liberado
su corazón de la codicia y el odio y los deseos
oscuros; y aquel que sin que quede un resto
de amargura en su interior, y mirando el
mundo con ilimitada compasión y amor,
puede exhalar en lo más profundo de su
corazón la bendición:

Paz para todos los seres vivos

sin hacer excepciones ni distinciones,
ese hombre ha logrado el final feliz que
nunca se puede detraer, y para él es la
perfección de la vida, la plenitud de la paz,
la consumación de la perfecta
bienaventuranza.

99 AFORISMOS
Sabiduría Sufí

La Sabiduría Sufí recorre extraños caminos que conducen a una única meta y si hubiera que buscar una palabra que definiera al Sufismo, sin duda esta sería «Corazón».

Las sencillas palabras de los sufís, aplicables tanto a la vida material como a la del espíritu, son como la llave que abre un arcón de tesoros antiguos, inefables e indescriptibles.

PIEDRAS DEL CAMINO
Alejandro Jodorowsky

Alejandro Jodorowsky, poeta y pensador internacionalmente reconocido, destila, en estos 201 textos, la verdad más profunda del hombre y condensa como nadie la voz del corazón, lo más sentido, lo más hondo de su devenir… Ediciones Obelisco ha publicado en castellano algunos de sus grandes éxitos como La sabiduría de los cuentos *y* El dedo y la luna.

GUÍA PARA EL ALMA AVANZADA
Susan Hayward

Da la bienvenida a los problemas y descubre sus regalos ¿Tienes un problema o necesitas consejo para tomar una decisión? Imagínalo de forma clara y piensa en él para que tu mente, de forma gradual, descienda hasta la calma. Esto te ayudará a hacer uso de tus poderes subconscientes e intuitivos de respuesta. Luego, piensa de nuevo en él mientras abres este libro por cualquier página. Las primeras palabras que leas te dirán aquello que más necesitas oír.

Guía para el alma avanzada *es un libro para ser consultado en momentos difíciles o de indecisión. Te ayudará a entender tus preguntas y te servirá de guía y consejo.*

Abre esta guía por cualquier página y allí encontrarás tus respuestas. Tu subconsciente, ese pozo de creatividad interior, se activará con tu deseo de crecer e interpretarás lo que lees desde tu percepción personal. Con Guía para el alma avanzada *comprenderás que cada problema posee un regalo para ti.*

NO SUEÑES TU VIDA, VIVE TUS SUEÑOS
Roland Kübler, Martin Bauschke y Wolfgang Sewald

Nueve cuentos que mezclan magistralmente la belleza de las baladas populares con la sabiduría ancestral de distintas creencias y culturas. Nueve fábulas con el encanto antiguo de la tradición y la fuerza de la mitología y del símbolo. Nueve vidas ejemplares y nueve sueños por realizar: un desafío único para los protagonistas de estas páginas y sus lectores...

Historias aparentemente comunes que se revelan en toda su intensidad y plenitud. Tapices de palabras que te envuelven con su luz y te llegan al corazón con sus profundas y sencillas enseñanzas: hay sueños impuestos por la sociedad y sueños íntimos que emergen de las profundidades de nuestra alma. Sólo persiguiendo estos últimos encontrarás la felicidad. Escucha el corazón y todo saldrá bien, pues el corazón es el único que puede oír la verdadera música de la vida. La puerta que conduce a una vida llena está siempre abierta para quienes se atreven a soñar. Hay cosas que sobrepasan la razón del ser humano y que sólo el corazón puede entender. ¡Escucha tu corazón! Hay respuestas que sólo pueden madurar a través del silencio y de la espera. Todo es posible más allá del miedo.